PUBLICATIONS DE LA SOCIÉTÉ DES ÉTUDES JUIVES

CATALOGUE

DES

MANUSCRITS ET INCUNABLES

DE L'ÉCOLE RABBINIQUE DE FRANCE

PAR

MEYER ABRAHAM

Rabbin,

Diplômé de l'École des Hautes Études Religieuses

PARIS

IMPRIMERIE H. ELIAS

226, RUE SAINT-DENIS, 226

1924

PUBLICATIONS DE LA SOCIÉTÉ DES ÉTUDES JUIVES

CATALOGUE

DES

MANUSCRITS ET INCUNABLES

DE L'ÉCOLE RABBINIQUE DE FRANCE

PAR

MEYER ABRAHAM

Rabbin.

Diplômé de l'École des Hautes Etudes Religieuses

PARIS

IMPRIMERIE H. ELIAS

226, RUE SAINT-DENIS, 226

1924

MANUSCRITS ET INCUNABLES
DE L'ÉCOLE RABBINIQUE DE FRANCE

La Bibliothèque de l'Ecole rabbinique de France, à Paris, possède un fonds de manuscrits et d'incunables qui mérite d'être signalé. Nous en avons établi le Catalogue détaillé, en faisant entrer dans la catégorie des incunables des ouvrages imprimés même après l'an 1500, jusqu'en 1540.

I. MANUSCRITS

A. HEBRAICA

I. *Bibles.*

1. [חמשה חומשי תורה], Pentateuque avec la version araméenne d'Onqelos, les Haftarot et les cinq Meguillot. Les cinq livres de Moïse, ainsi que les Meguillot, sont encadrés du commentaire d'Abraham Ibn Ezra, commentaire accompagné, pour ce qui est du Pentateuque, du supercommentaire de Samuel (Ibn) Motot (publié d'abord à Venise, en 1554, puis à Amsterdam, en 1722, sous le titre de מגלת סתרים dans la collection מרגליות טובה). Il y a, en outre, de nombreuses notes supplémentaires. Le texte biblique est d'une correction exemplaire d'autre part, le commentaire d'Ibn Ezra présente des variantes qui rendent intelligibles certaines obscurités des éditions courantes; le supercommentaire de Motot se trouve ici peut-être dans un état irréprochable, vu l'âge de la copie. Mais, même si l'on faisait abstraction du fond, le manuscrit n'en serait pas moins précieux, du point de vue de l'exécution. L'écriture est d'une régularité parfaite; la décoration d'un beau style. Le vélin est, en effet, embelli par environ cent cinquante jolies enluminures en diverses couleurs: rouge (plusieurs nuances), jaune, indigo, brun, bleu, violet, blanc, gris, noir, etc., d'un art impressionnant et très réaliste par endroits. La dorure

même n'a pas été ménagée. Les dessins représentent des êtres fantastiques (dragons, chimères), des figures humaines (Adam et Ève, par exemple), des animaux (mammifères, oiseaux, reptiles, poissons), des plantes (feuilles, fleurs et fruits) et de belles arabesques. Ce sont surtout des scènes de chasse, où l'on rencontre le plus souvent le chien et le lièvre. Cependant, les motifs juifs ne sont pas négligés. Ainsi, on voit en tête (de la Genèse,) de l'Exode, du Lévitique et du Cantique des Cantiques, sur un fond bleu foncé, un écusson rouge doré représentant deux mains roses, dans l'attitude de la bénédiction sacerdotale, au-dessus d'un beau corbeau noir. C'étaient, peut-être, les armes de la famille de ce Guerschom ben Abraham pour lequel la copie fut exécutée. Le copiste, scribe de métier, portait le nom de Mordekhaï ben Schimschon; c'est, probablement, le même qui a enluminé le manuscrit. Au colophon il dit que l'ouvrage fut achevé le 3 Sivan 207 (1447). Malheureusement, quelques feuilles sont endommagées; d'autres manquent entièrement. (Le visage du singe qui décorait le début de la section sabbatique de *Terouma* a été gratté au canif par un iconoclaste fanatique).

Vélin; format moyen; écritures carrée, vocalisée et accentuée d'après la massora, et rabbinique espagnole.

II. [חמשה חומשי תורה] Pentateuque accompagné, en marge, de notes massorétiques. Le manuscrit débute au milieu du verset Genèse, I, 28; il manque, par conséquent, la première feuille.

Vélin; format moyen; écriture carrée vocalisée et accentuée. Au plus tard du XIVe siècle.

III. [תורה], Manuscrit incomplet du Pentateuque (Exode, XXIX, 18 — Nombres, XXXIII, 54...) Notes massorétiques.

Vélin; format moyen; écriture carrée vocalisée et accentuée. Probablement du XVe siècle.

IV. עשרת הדברים, Les dix commandements, selon Exode XX, 1—14, en caractères hébreux (carrés) et samaritains.

Papier; in-folio; XVIIIe siècle.

V. N° 23 (*c*).

II. *Talmud*.

Voir *infra* N° 23 (*d*).

III. *Rituels*.

V. [סדר תפלה] Livre de prières selon le rite aschkenazi. Le rituel commence par la bénédiction sur l'ablution des mains. Les bénédictions de la Loi suivent immédiatement la prière de אלהי נשמה.

Les psaumes récités quotidiennement ainsi que ceux des samedis et fêtes sont seulement indiqués. Après le Cantique de la Mer Rouge suivent les prières principales des jours ouvrables et fériés, tantôt simultanément, sur deux colonnes, tantôt successivement, dans un ordre assez compliqué. Le rituel se termine par les bénédictions après le repas, auxquelles on a adjoint la prière finale du *Hallel* [יהללוך].

Vélin; format moyen; écriture carrée vocalisée (les indications sont en caractères rabbiniques). xviiie siècle (?).

vi-xvii. פזמונים Recueils de cantiques religieux en usage dans les communautés juives de rite *sefardi* du Proche Orient. Les cantiques sont divisés d'après leurs airs respectifs (קול, חן). Certains recueils (No 12) contiennent aussi des morceaux poétiques en judéo-espagnol, ainsi que des remèdes pour certaines affections, des formules d'incantation (No 16), etc.

Papier; format généralement petit (sauf les Nos 13 et 16 qui sont moyens); écriture orientale, rabbinique et cursive. xviie—xixe siècles. — Fonds Albert Cohn (Anc. D. 260, 228, 410, 259 b, 259 7, 259 4, ..., 259 2, 259, 281, 259 1, 226).

xviii. [סדר של פיוטים] Rituel des fêtes, des sabbats exceptionnels des jours de jeûne, etc., selon le rite de certaines communautés juives de l'Afrique septentrionale. V. [Zotenberg] *Catalogues des manuscrits hébreux et samaritains de la Bibliothèque Impériale*, Paris, 1866, No 658 (p. 100b et *seq.*) Le manuscrit a appartenu à Çèmah fils du rabbin Benjamin Duran (d'Alger) (xviiie siècle).

Papier; format moyen; écriture rabbinique arabe non vocalisée, xvie siècle. Incomplet.

xix. [סדר (פרשיות) של פיוטים] Hymnes et prières pour l'office des jours fériés, etc. selon le rite des communautés de l'Afrique septentrionale. Ce manuscrit est vocalisé phonétiquement : le *Qameç gadol* est rendu par un simple *patah*, le *ségol* et le *cérè* par un *hirèq*, le *Qameç qatan* par un *holèm*; les lettres בכ"פת généralement sans *daguésch*. V. Zotenberg, *op. et loc cit.*

Papier; format moyen; écriture rabbinique arabe; xviie siècle (?). Incomplet.

xx. תקוני תפלות מס' חמדת הימים, Recueil de prières occasionnelles, essentiellement cabbalistiques, extraites de l'ouvrage *Hemdat Hayyamim*. Inédit?

Papier; petit format; écriture carrée et rabbinique orientale; viie siècle. Fonds Albert Cohn (anc. D. 231).

XXI. [הלכות נשים ?] Rituel d'une juive contenant des prières pour certaines circonstances intimes de la vie conjugale. Le recueil est au nom de Simha, fille d'Esther et épouse de David Hayyim Franchetti, les indications sont en italien. Les prières portent un cachet nettement cabbalistique.

Papier; petit format; écriture carrée, assez correctement vocalisée. Probablement du XVIIIe siècle.

XXII. תקון ערב ראש חדש, Rituel de la veille de la néoménie, rédigé par Lévi ben Isaac d'Offenbach, en 1749. Titre encadré de dessins.

Papier; petit format; écriture carrée vocalisée. Fonds Albert Cohn (anc. D. 280).

XXIII. Recueil contenant: a) (ff. 1-9). [סדר של פסח], Règles pour la célébration de la soirée de Pâque.

b) (ff. 11—20) הגדה של פסח, Rituel de la soirée de Pâque (en arabe).

c) (ff. 22—64) שיר השירים: לשון ותרגום ושרח, Le Cantique des Cantiques, texte et traductions commentées (araméenne et arabe).

d) (ff. 65—86) פרקי אבות, Traité des Principes, texte et traduction arabe.

Papier ; petit format ; écriture orientale; XVIIIe siècle. Il manque un feuillet au commencement. Fonds Gabay (Bombay).

XXIV. סדר של פסח ושבועות, Rituel de Pâque et de Pentecôte selon le rite de la Communauté d'Avignon, copié, en 5450, par Immanuel ben Gad de Milhaud (V. E. Renan-Neubauer, *Les écrivains juifs français du* XIVe *siècle*, Paris, 1893, p. 231), pour Moïse ben Abraham de Carcassonne. Comme particularités il y a à signaler les suivantes: le *qameç* remplacé par un *palah*; le nom divin יי surmonté d'une apostrophe. Au colophon on lit: בעזר האל מקפץ על הגבעות, נשלמו (*sic*) סדר של שבועות.

Papier; format moyen; écriture rabbinique vocalisée. XVIIe siècle.

XXV. סדר של פסח ושבועות, Rituel de Pâque et de Pentecôte selon le rite d'Avignon, exécuté par Jacob ben David Amira de Londres, en 5500, pour Jean Hayyim de Milhaud (le colophon porte: *Fait per main de Jacob Amira a Cavallion le 28*^{me} *du mois de may 1740*). Les particularités suivantes sont à remarquer dans la vocalisation: le *qameç* rendu généralement (sauf dans la flexion personnelle ךָ) par un *palah*, les lettres בכ"פת toujours *rafé*, שׁ et שׂ indifféremment sans point, pas de *hataf*, le nom divin יי surmonté d'une double apostrophe. Il est aussi intéressant de remarquer que le scribe, connaissant l'hébreu, a voulu éviter le sens choquant de la formule finale (V. N° 24) et l'a rédigée de la sorte: תמו ונשלמו בעזר האל הסדר שר פסח ושבועות מקפץ על הגבעות.

Papier; format moyen; écriture carrée vocalisée. 116 ff.+titre.

XXVI. [סדר ט' באב], Rituel du 9 Ab selon le rite du Comtat.

Papier; format moyen; écriture rabbinique méridionale, non vocalisée; XVIIe siècle. Incomplet (132 ff.).

XXVII. סדר האשמורות מעשרת ימי תשובה, Rituel des veilles des dix jours de pénitence, copié, en 5455 par Immanuel ben Gad de Milhaud. (V. N° 24.) Mêmes particularités que plus haut (N°s 24 et 25), mais les fautes d'orthographe sont ici plus nombreuses.

Papier; petit format; écriture rabbinique vocalisée. XVIIe siècle.

XXVIII. סדר האשמורות שאומרים ב(ראש) חדש אלול ובעשרת ימי תשובה..., Rituel des veilles du mois d'Eloul et des dix jours de pénitence, selon le rite d'Avignon, copié, en 1743, par Jacob ben David Amira pour Élie de Saint-Paul. Mêmes observations que plus haut, sauf en ce qui concerne le *qameç*: celui-ci n'est que rarement remplacé par un *patah*.

Papier; format moyen; écriture carrée vocalisée phonétiquement. Fonds Albert Cohn.

XXIX. סדר סליחות, Rituel des Selihot selon le rite oriental.

Papier; format moyen; écriture rabbinique méridionale non vocalisée; XVIIe siécle. Fonds Albert Cohn.

XXX. סדר של ראש השנה וליל העשור, Rituel du Nouvel-An et de la soirée du Jour de l'Expiation, selon le rite du Comtat. A la fin de la partie relative au second jour de Rosch Haschana, on lit le nom de Mordekhaï de Saint-Paul.

Papier; grand format; écriture carrée vocalisée phonétiquement. Probablement du XVIIIe siècle. Fonds Albert Cohn.

XXXI. אשמורה (!) יום שלפני העשור; סדר של ראש השנה, Rituel de la veille du Jour de l'Expiation et du Jour de l'An, selon le rite de la communauté de Carpentras; copié dans cette localité, en 5418, par Élie Delpuget (אליהו דאלפוגיוט). Ce personnage figure sur les *Listes des Juifs* de Carpentras du XVIIe siècle (Cf. *Revue des Études juives*, t. XII, p. 217), mais on le retrouve l'année suivante en Italie, à Carpi, où il copie des *Azharot* d'Isaac Qimhi pour l'office de la Pentecôte (V. H. Gross, *Gallia Judaica*, p. 157). Le manuscrit contient, en marge, des notes explicatives. Le nom divin est transcrit par ה'.

Papier; petit format; écritures carrée (vocalisée phonétiquement) et rabbinique. XVIIe siècle.

XXXII. סדר של יום הכפורים, Rituel du Jour de l'Expiation selon le rite de Carpentras, composé par Joseph ben Abraham de Monteux et copié par Élie Delpuget (V. ci-dessus, No 31), en 1660, à Carpentras. Voir, sur l'auteur de ce Mahzor, Gross, *op. cit.*, p. 322. Le manuscrit porte aussi de nombreuse notes marginales.

Papier; petit format; écriture rabbinique (Raschi), vocalisée phonétiquement.

IV. *Grammaire et Lexicographie.*

XXXIII. Manuscrit hébreu contenant:

a) (fol. 2—25) פרק שירה, Premier chapitre du traité de grammaire hébraïque d'Elie Lévita, connu sous le nom de פרקי אליהו, sous lequel il parut à Bâle, en 1527, avec une traduction latine de Sébastien Munster (V. *infra* la liste des Incunables, No 20). Cette partie, qui traite principalement des consonnes, des accents et des voyelles, avait d'abord été publiée à Soncino, en 5280, sous le titre de פרקי אליהו (Il est à remarquer que le manuscrit porte פרק שירה, comme la vieille édition de Lublin dont parle I. A. Benjacob, *Oçar Ha-Sepharim*, Vilna, 1880, p. 498 a). Elle se divise en treize paragraphes, chacun composé d'un certain nombre de règles grammaticales en vers métriques rimés (d'où le nom de פרק שירה) avec des explications en prose. Les parties poétiques sont, dans le manuscrit, en caractères carrés, les autres, en rabbiniques orientaux.

b) (fol. 26—32) מענה לשון, Abrégé de grammaire hébraïque par Isaac Uziel(i), publié pour la première fois à Amsterdam en 5387 ou 5417. Écriture carrée et rabbinique orientale.

c) (fol. 33—45) Autre abrégé de grammaire hébraïque (anonyme).

d) (fol. 46—49 a) מוסר השכל, Poème moral et religieux, attribué au gaon Haï ben Scherira (incomplet). On en possède plusieurs manuscrits avec de nombreuses variantes: le titre même varie; cependant, les éditions portent généralement, comme ce manuscrit: מוסר השכל.

e) (fol. 49 b — 53) קערת כסף, Poème moral adressé par le poète Joseph Ezobi de Perpignan à son fils Samuel. Ce poème accompagne d'ordinaire celui du gaon Haï. Publié pour la première fois à Constantinople vers 1523, il a aussi été traduit en latin, notamment par Jean Reuchlin (Tubingue, 1512—1514), le défenseur du Talmud, dont l'auteur recommande l'étude.

f) (fol. 54—70). Règles du calendrier en vers par שלום בר משה בן צור.

Caractères carrés et rabbiniques orientaux.

g) (fol. 72—166) שארית יוסף, Règles du calendrier juif, chrétien et musulman par Joseph ben Schem Tob, avec le commentaire de Daniel ben Perahya Hakkohen, peut-être d'après l'édition salonicienne de 5328. Copie quelque peu différente des éditions (incomplète).

Écriture carrée et orientale.

Papier; petit format; xviiie siècle. Fonds Albert Cohn (anc. D. 800).

xxxiv. ספר הבחור, Grammaire hébraïque par Elie Levita (publiée pour la première fois à Rome, en 1518).

Papier; petit format; écriture carrée et judéo-allemande; xviiie siècle. 54 ff. (le premier feuillet manque).

xxxv. [דיני מלעילן], Petit recueil incomplet de règles grammaticales de l'hébreu biblique. De nombreux feuillets n'ont pas été utilisés

Papier; petit format; écriture carrée (vocalisée) et judéo-allemande; xixe siècle (anc. D. 334).

xxxvi. [ספר מלים וספר דקדוק], Lexique hébreu (incomplet) et grammaire hébraïque: lexique sur le *recto* et grammaire sur le *verso* de chaque feuillet. Dans le lexique, chaque racine hébraïque est suivie de la première référence biblique et ensuite expliquée très brièvement. La grammaire a été ajoutée après coup.

Papier; petit format; écriture judéo-allemande (les têtes de paragraphe sont en caractères carrés). xviie ou xviiie siècle.

xxxvii. [קצור הערוך], *Lexique talmudique*, extrait, probablement, de l'*Aroukh* de Nathan ben Yehiel de Rome. On possède plusieurs *Abrégés* anonymes du grand ouvrage du célèbre lexicographe romain, dont ce manuscrit serait une recension ancienne, à raison de son âge proprement dit — il porte au colophon la date de 1516 — et du manque de renvois au texte talmudique, qu'il cite très régulièrement. Le ערוך הקצר a été édité pour la première fois à Constantinople en 5271 ou 5276. Ce manuscrit n'a point les vers, à l'acrostiche de אליה, par lesquels débutent les éditions: il commence directement: א אצרך פי' כגון גילטורין, פי' קמיעין; il a, en revanche, quelques notes marginales en latin et en grec.

Papier; petit format; écriture rabbinique (Raschi). commencement du xvie siècle (Ratisbonne).

xxxviii. Manuscrit hébreu contenant les ouvrages suivants:

a) (Lexique judéo-allemand-hébreu). Ce sont, surtout, des mots allemands usuels en transcription yidisch; l'hébreu est à la fois biblique et talmudique.

b) Différentes notes cabbalistiques.

c) Le livre d'Esther en traduction française.

d) Le Cantique des Cantiques (chap. I et II) en traduction française.

Papier; format moyen; écriture carrée (vocalisée), judéo-allemande et latine cursive (français); XVIIIe siècle. (anc. D. 639).

V. N° 40 (*b*).

V. *Ouvrages de casuistique.*

XXXIX. מרדכי, Code rabbinique, établi d'après la codification talmudique d'Isaac Alfasi, par Mordekhaï ben Hillel, mort martyr à Nuremberg en 1298. Très précieux manuscrit : au colophon (fol. 228 b) on lit le nom du copiste : אלחנן בן הק"ר יום טוב (הכהן) qui dit avoir achevé l'ouvrage שנת קסד לפר"ק פרש' כי שם הש'. אקרא etc., c'est-à-dire, en l'an 1403 de l'ère chrétienne, donc, relativement peu de temps après la rédaction définitive de la recension dite rhénane du code. Ce manuscrit pourrait ainsi être une base solide pour toute recherche critique, au même titre que les exemplaires déjà connus et étudiés par S. Kohn dans sa thèse sur *Mardochai ben Hillel*. Il est presque complet; au commencement manque une feuille, dont deux colonnes (la page 1 b) contenaient probablement le début de *Baba Kamma*, car le manuscrit commence, dans l'état actuel, au milieu du chapitre premier (ארבעה אבות) dudit traité, à ...פסק המיימו' (פ"ה) דהלכו' החובל (§ 7). Il lui manque en outre, les feuilles 8 et 9, qui devaient contenir la seconde moitié du neuvième chapitre, du même traité (à partir de אם מותרין הן, § 125) et une partie, le quart environ, du dixième chapitre, jusqu'à שוא, נשבעין להפיס דעתו (§ 161). Le copiste a aussi omis (fol. 42 c, ligne 18) un passage considérable, qui a dû remplir, peut-être, une page du recueil qui lui servait de modèle; c'est la fin du deuxième chapitre et une partie respectable du troisième chapitre de *Baba Batra* (§§ 522—524, de לא מהימנינן ליה לומר à ליפטר מן המם — : ליפטרו ולומר). La plus grande partie du dixième et dernier chapitre de *Houllin*, notamment le paragraphe 736, fait également défaut : le manuscrit se termine par : ולא מצאתי יותר. Naturellement, les הגהות manquent aussi (il y a cependant, en compensation, de très nombreuses notes marginales ainsi que des interpolations et des corrections, dues à plusieurs mains). Mais eu égard aux dimensions considérables de l'ouvrage, ces lacunes n'ôtent pas grand chose à la valeur du manuscrit. On y trouve, en effet, un grand nombre de variantes du plus haut intérêt pour l'étude du texte ; c'est le cas de la fin du deuxième chapitre de *Houllin*, par exemple. Le paragraphe final de *Taanit* (632) des éditions (Romm, Vilna, 1881—1886) fait dans le manuscrit suite au paragraphe 627 etc.; le septième et dernier chapitre de *Schebouot* (§ 776 בעל הבות טרזד בפועליו) est donné comme version commune; les additions au quatrième chapitre de *Yebamot* dites תוספות פרק עשרה יוחסין ופרק יש נוחלין font, pour ainsi dire, partie intégrante du texte, tout en portant, cela va de soi, la mention de תוספות; le paragraphe final (206) du septième chapitre de *Ketoubot*, qui contient une consultation de R. Abigdor Kohen (אשר חכו ממתקים...), manque dans le manuscrit qui termine ce chapitre à כדי לזון; la très importante conclusion de la halakha finale du chapitre II de *Sabbat* ומיהו יש לדחות, que donnent les éditions courantes, manque aussi: on ne lit que: אבל אדם אחר אסור. Comme leçons intéressantes, notons celles-ci: fin *Aboda Zara* (§ 862) on lit: פי' רבי' אלחנן, au lieu de פר"ח (c'est-à-dire חננאל) que portent les éditions, par suite d'une confusion évidente de l'*alef* et du *het* de l'écriture rabbinique; début des הלכות מקואות הזב טעון ביא' מים חיים דכת' בקרא . . . . :, au lieu de la leçon habituelle: הזב טעון מים חיים דכתיב בקרי. Le manuscrit a cependant dans *Taanit* § 625: רבינו יואל הלוי ורבינו אלעזר בר' שמעון pour ברבי שמואל; fol. 117 β, הדרן עלך האיש' שלום au lieu de הדרן עלך האשה בתרא (שהלך); respectivement, fol. 113[b] et [d] הדרן עלך אלמנה לכהן גדול et הדרן עלך הערל au lieu de הדרן עלך אלמנה לכהן גדול et הדרן עלך מצות חליצה (un lecteur a corrigé les fautes dans les deux endroits); fol. 151[a] סליק פרק ש(י)ני au lieu de סליק פרק ראשון. Ce sont des *lapsi calami* sans importance.

Voici l'ordre, très intéressant d'ailleurs, dans lequel se trouvent placées les différentes parties du recueil:

בבא קמא fol. 2[a]; בבא מציעא 13[d]; בבא בתרא 34[a]; סנהדרין 61[c]; שבועות 66[d]; חולין 73[c]; עבודה זרה 92[d]; יבמות 105[a]; כתובות 117[b]; הלכות נדה, הלכות מקואות sans aucune division 135[c]; קדושין 143[b]; גיטין 149[c]; הלכות גיטין 163[c]; [תשובת ר"ת להר"ר יוסף מאורלינש] 164 B β; ברכות 165[a]; שבת 173[a]; ערובין 183[d]; פסחים 190[b]; סדר של פסח, moins le supplément connu sous le nom de תוספת מערבי פסחים 195[d]; הלכות תשעה באב moins les מנהגים מרא"בי העזרי 197[a]; הלכות חול המועד 197[d], à savoir: הלכות, דיני הגוסס, הלכות אבלות, (הלכות שמחות), מועד קטן etc. (הלכות תשעה באב), הלכות אונן; ביצה 209[d]; וראש השנה 213[c] (les deux derniers chapitres ne sont point divisés); וומא 215[b]; סוכה 217[c]; מגילה 220[b]; תענית 226[a].

Comme on voit, il manque dans cette énumération les הלכות

קטנות; celles-ci font, en effet défaut: peut-être est-ce pour une raison plausible; ce n'est pas, en tout cas, faute de place, car le ms. contient encore un très important appendice avec des notes, des תשובות השייכות לסדר נשים (Méir de Rottembourg, Isaac ben Abraham, Azriel ben Yehiel (*fol.* 229 a — 234 f), des variantes d'une autre copie du *Mordekhaï* (*fol.* 234 f-g), et même une représentation figurée des *Dix Sefirot* (*fol.* 236).

Parchemin; grand format; vieille écriture rabbinique rhénane. Le texte est généralement sur deux colonnes par page, à part *fol.* 164, où il n'y a point de division en colonnes, et les appendices, qui sont sur trois colonnes par page. Dessins et décorations à l'encre noire, rouge, (brune) et jaune.

XL. a) (ff. 1—159) ספר המצות, Le Livre des Préceptes de Moïse Maïmonide, traduit de l'arabe en hébreu par Salomon ben Joseph Ibn Ayoub (אבן איוב), sur le manuscrit du fils de l'auteur, Abraham. Copié, d'après le colophon (*fol.* 159 b), par un certain Benjamin: נשלם על יד בנימין יעזרהו בורא שמאל וימין. Le manuscrit a dû passer par les mains d'un censeur: des expressions comme, מין, גוי, צלם etc., sont effacées à l'encre.

b) (*fol.* 160—192 a) [פירוש (מ)מלות זרות], Vocabulaire philosophique par Samuel ben Juda Ibn Tibbon, pour la traduction hébraïque du *Guide des Egarés* de Maïmonide. La copie finit à אך תנועה סתם יספיק; le § final מאודוי, qu'ont en plus les éditions et qui est une interpolation évidente, y manque.

c) (*fol.* 192 b — 193 a) פירוש ר' חננאל, Extrait du Commentaire de R. Hananel sur le traité de *Berakhot* (מצאתי בפי' רבינו' חננאל זצ"ל פ"ג דברכות). Le passage concerne les phylactères de Dieu.

d) (*fol.* 193 b — 194) ערוגת המזמה ופרדס החכמה, Deux études philosophiques attribuées à Abraham Ibn Ezra et publiées, sous le titre de ערוגת החכמה ופרדס המזמה, par Nahman Krochmal dans le *Kèrem Hémed*, t. IV, p. 1-5. Incomplet.

Vélin; format moyen; vieille, mais belle écriture rabbinique. XVe siècle? (anc. No 188).

XLI. ספר מהרי"ל, Recueil d'usages religieux des Juifs d'Allemagne, d'après Jacob ben Moïse Hallévi (Segal, Möln), rabbin de Mayence. Cette copie ne contient qu'une partie des *halakhot* relatives à la fête de Pâque, et accompagne de la sorte un exemplaire incomplet de l'édition de Crémone (1560). Copié à Metz en 1622.

Papier; petit format; écriture judéo-allemande.

XLII. [שלחן ערוך; ח"א: אורח חיים], Code rabbinique: Tome I (*Orah Hayyim*) du *Schoulhan Arouch* de Joseph Caro. Cette copie ne contient pas de הגהות, et paraît dater du XVIIe siècle.

Papier; petit format; écriture composite. Fonds Albert Cohn (Anc. D. 357).

XLIII. (שערי דורא, איסור והיתר) éd. Venise 1548 (?).

a) [יסוד מהר"י מוידל], Règles de l'abatage rituel. XVIe siècle. Incomplet.

b) [הלכות בדיקה], Règles de l'examen du poumon dans l'abatage rituel, terminées le jeudi 23 Marheschvan 5310, à Barr: בשוק' דבר, probablement, pendant la foire, quand il devait y avoir une inspection rabbinique.

c) [ספר מהרי"ל, מנהגי מהרי"ל], Recueil rapportant les différents usages religieux des Juifs dans les pays allemands, au nom du rabbin Jacob b. Moïse de Mayence. C'est une recension à peu près complète, quoiqu'il y manque quelques feuillets. La première édition en a été publiée à Sabionetta en 5316; XVe ou XVIe siècle.

Ce ms., qui contient, à part les ouvrages mentionnés, de très intéressantes notes marginales et autres, constitue un très précieux document pour l'histoire religieuse et littéraire de l'époque.

Papier; petit format; vieille écriture judéo-allemande.

XLIV. (אסור והיתר) תורת חטאת, Recueil de prescriptions et d'usages rituéliques, suivant l'ordre des *Schaaré Doura* d'Isaac de Düren, par Moïse Isserlès. C'est l'autographe même de l'auteur. Malheureusement, ce précieux manuscrit, qui pourrait nous donner de très précis renseignements bibliographiques, est incomplet: il y manque les premiers et les derniers feuillets. En revanche, il a, entre le texte et l'index des matières, toute une édition des *Hilkhot Nidda* du même auteur (20 feuillets petit in-4°, numérotés 85—104, Cracovie: *editio princeps?*). V. M. Steinschneider, *Cat. Bodl.*, Berlin, 1852-1860, col. 1830 et *seq.* et I. A. Benjacob, *op. cit.*, p. 646 b. Peut-être tout ce ms. provient-il de la bibliothèque d'Isserlès.

Papier; petit format; vieille écriture judéo-allemande. Fonds Schuhl.

XLV. [שחיטות ובדיקות], Règles de l'abatage et de l'examen du poumon rituels, par Juda ben Jacob de Milhaud, copiées par Isaac Modona de מודונא מלוגו, province de Ferrare, en 1773.

Papier: format moyen; écriture carrée vocalisée. 51 ff.

XLVI. ספר עבורנ[ו]ת, Recueil contenant les règles du calendrier juif, copie exécutée par יצחק אייזק בן זלמן, d'après l'ouvrage de אליעזר בלין אשכנזי, dont la première édition a été publiée à Bâle, par Sébastien Munster, en 1527. Le manuscrit porte en tête *«a Savern lè 15 Messidor Du l'an 4 de la republique franc une et indivisible demokratique a Savern prè phaltzbourg 1796»* et le colophon: *«a Strasbourg le 19 brumair l'an 5 De la republique France»*.

Papier; format moyen; écriture judéo-allemande. 49 ff.

VI. *Littérature rabbinique (varia).*

XLVII. [פירוש על ס' בראשית] (ס' דרשות) Commentaire anonyme sur la Genèse. C'est une sorte de compilation midraschique, assez bien composée du reste, qui s'inspire, semble-t-il, à la fois de Raschi et des allégoristes du bas moyen âge. La préface donne une explication un peu cabbalistique du système sidéral ou planétaire; chaque section sabbatique prélude par la paraphrase aggadique d'un verset de la Bible; des citations du Talmud et des Midraschim fourmillent partout. Le manuscrit paraît être très ancien, car son écriture, à cachet nettement oriental, offre des traits de ressemblance tout à fait frappants avec celle de certains fragments du XIIIe siècle, rapportés de la *Gueniza* du Vieux-Caire. Mais, malgré ce fondement paléographique, la qualité du papier s'opposerait à une pareille supposition chronologique. Quoi qu'il en soit, le commentaire a bien une origine levantine, vu les gloses arabes qu'on y rencontre et, surtout, la forme syro-égyptienne des caractères. Il est malheureusement incomplet.

Papier parchemin: format moyen. Fonds Albert Cohn.

XLIII—LII. ויעל משה, Commentaire sur le Pentateuque par Moïse Lipschütz, rabbin, ministre-officiant et scribe de la communauté juive de Fürth dans la première moitié du XVIIIe siècle (mort en 5491), rédigé par son fils Salomon, ministre-officiant à Metz, en 1735. V., sur ce dernier, *Jewish Encyclopedia*, t. VIII, p. 103 a (lire l. 3 de l'article, *1735*, et l. 12, *1718* [*and 1729*], au lieu de *1708*).

Papier; cinq volumes petit in-folio: 179 + 170 + 182 + 168 + 137 ff. + appendice; écriture judéo-allemande.

LIII. [פני משה], Double commentaire sur les *Haftarot* de toute l'année par Moïse Lipschütz rabbin à Fürth. C'est l'autographe de l'auteur.

Papier; in-folio 170 ff.; écriture judéo-allemande XVIIIe siècle.

LIV. פרי עץ הדר, Recueil d'homélies et commentaire sur les sections sabbatiques du Pentateuque et sur les cinq Meguillot etc. avec un assez long appendice supplémentaire; par עזרא צאייג, rabbin à Alep, probablement au XVIIIe siècle.

Papier; format moyen, 152 ff.; écriture rabbinique orientale.

LV.—LXII. [זרע אברהם, אלהי אברהם], Vaste collection de notes, homélies et explications sur la Bible et le Talmud par (?) אברהם אונגי בן ישלה Witlich, professeur d'hébreu à Metz. Les recueils ont été écrits vers le milieu du XIXe siècle, en grande partie par l'auteur lui-même, qui était à cette époque privé de la vue.

Papier; format moyen: 143 + 185 + 195 + 189 + 241 + 268 + 281 + 190 ff.; écriture judéo-allemande.

LXIII. מיכל המים, Recueil d'homélies rabbiniques de Yehiel Michel Speier, rabbin à Dessau, rédigé par le fils de l'auteur, Azaria Süskind Speier, à Francfort-sur-Mein en 5584.

Papier; petit format (la moitié des feuillets n'ont pas été utilisés); écriture judéo-allemande.

LXIV. לקוטי שושנים, Notes homilétiques, dissertations et explications talmudiques, recueillies et rédigées, vers 1752—1753 par Abraham ben Michel (Aberaham Maholle) de Niderhochstatt. Les rabbins suivants sont principalement cités: Jacob Kohen de Francfort-sur-Mein, Abraham Broda de Prague (devenu aussi, dans la suite, rabbin à Francfort et à Metz), le fameux Jonathan Eybeschütz, Samuel Halberstadt de Haguenau et Samuel Hellmann, le successeur d'Eybeschütz au rabbinat de Metz.

Papier; petit format: 131 ff. + index et table; la couverture est dessinée et peinte assez grossièrement; écriture judéo-allemande.

LXV. Recueil anonyme d'explications midraschiques sur les sections sabbatiques de la Genèse, de l'Exode et des Nombres.

Papier; grand format (plusieurs feuilles blanches); écriture judéo-allemande. XVIIIe siècle (?).

LXVI. Recueil anonyme d'explications midraschiques concernant des passages bibliques, talmudiques, etc. Certaines explications sont attribuées au rabbin Moïse Harif; il s'agit probablement du petit-fils de l'homonyme (mort à Lemberg, en 1702). Incomplet.

Papier; format moyen; écriture judéo-allemande. XVIIe ou XVIIIe siècle.

LXVII. Recueil de dissertations sur certains passages bibliques et talmudiques, attribuées à plusieurs rabbins, dont Abraham Broda (*fol.* 34 a) —, écrit (?) par Moïse ben Méir ס"גל de Schnatach.

Papier; format moyen; écriture judéo-allemande. XVIIIe ou XIXe siècle.

LXVIII. Recueil d'homélies attribuées à plusieurs rabbins.

Papier; petit format; écriture judéo-allemande. XVIIIe siècle.

LXIX. Recueil anonyme de notes homilétiques d'un rabbin alsacien du début du siècle dernier. On y lit, entre autres, un sermon en yidisch, fait à Rosheim le samedi פ' וירא de l'année 5602 (1841). La plupart des feuilles n'ont pas été utilisées.

Papier; format moyen; écriture judéo-allemande.

LXX. פשוטים, Recueil de notes homilétiques sur les sections sabbatiques du Pentateuque et pour les différentes fêtes de l'année religieuse juive, par יצחק איזק בן אברהם. C'est l'autographe de l'auteur, qui dit l'avoir terminé le 11 Tischri 5489 (1730). La page-titre, dessinée et peinte à motifs bibliques, a été ajoutée probablement par le possesseur du manuscrit, Zalman ben Elhanan Oppenheim de Francfort-sur-le-Mein, établi à Metz (28 Yyar 5547).

Papier; format moyen: 257+6 ff.: écriture judéo-allemande.

LXXI. Recueil de notes homilétiques relatives principalement aux sections sabbatiques du Pentateuque, par un rabbin de Bisheim.

Papier; petit format; écriture judéo-allemande. XVIIIe-XIXe s.

LXXII. (אמרי שפר), Recueil de notes homilétiques pour les sections sabbatiques, les différentes fêtes et autres occasions solennelles de l'année religieuse, attribuées par le copiste à plusieurs rabbins (de Francfort?).

Papier; format moyen: 71 ff.; écriture judéo-allemande. XVIIIe siècle (?).

LXXIII. Recueil contenant:

a) des [פשטים] explications de certains passages des sections sabbatiques du Pentateuque;

b) des [דרשות] dissertations rabbiniques pour les différentes fêtes et occasions solennelles de la vie religieuse;

c) des [דרשות], homélies et sermons rapportés au nom de quelques rabbins célèbres des derniers siècles, notamment: Jonathan Eybeschütz, Abraham (Broda) de Francfort, etc.

d) des [חדושים] novelles concernant quelques textes talmudiques, principalement, au nom de Joseph Hess (et de Beer de Mutzig: בער כ"ג אב"ד דק"ק מוציק);

e) des הלכות יו"ט, observations sur les usages rituéliques des jours fériés, au nom d'Eybeschütz, etc.;

f) des סגול[ו]ת ורפוא[ו]ת, remèdes et formules cabbalistiques en hébreu et en yidisch, extraits de l'ouvrage *Amtahat Binyamin ;* de Benjamin ben Juda, publié à Wilmersdorf en 5476 (1760).

Papier; petit format: 238 ff. (dont plusieurs non utilisées); écriture judéo-allemande. XVIIIe siècle.

LXXIV. תוכחה, Sermon sur l'observation des prescriptions relatives à la célébration de la fête de Paque.

Papier; format moyen; écriture judéo-allemande. XVIIIe siècle.

LXXV. [דרשה], Sermon anonyme sur l'étude de la Tora.

Papier; format moyen; écriture judéo-allemande. XVIIIe siècle.

LXXVI. [פשט], Explication midraschique de la section sabbatique de *Schofetim*.

Papier; format moyen; écriture judéo-allemande. XVIIIe siècle.

LXXVII. Recueil de notes et d'explications sur certains passages talmudiques (*Houllin, Baba Meçia*) ou des *Tossafot*, etc., du rabbin Anschel Schoplick de Rosheim. Voir, sur ce personnage, *Revue des Études juives*, t. XLI, p. 121 et *seq.* ; d'une date du manuscrit (תקכ"ה), il résulte qu'il vécut plutôt au XVIIIe siècle qu'au XIXe, comme on le croit.

Papier; petit format: 175 ff.; écriture judéo-allemande.

LXXVIII. [חדושים למסכת חולין], Recueil de nouvelles sur le Traité de *Houllin* et ses principaux commentaires par le rabbin Moïse ben David Bloch de Huttenheim. Autographe de l'auteur. Il ne semble pas que cet ouvrage ait été publié.

Papier; petit format: 94 ff.; écriture judéo-allemande; XVIIIe siècle. Fonds Schuhl.

LXXIX. Recueil anonyme de notes exégétiques sur le Talmud et ses principaux commentaires, notamment les Tossafot. Incomplet.

Papier; petit format; écriture judéo-allemande. XVIIIe siècle (provenant de Metz).

LXXX. Recueil de notes exégétiques sur le Talmud et ses commentaires.

Papier; petit format; écriture judéo-allemande. XVIIIe siècle.

LXXXI. Recueil de notes sur le Talmud, écrites par משה הקטן מהנובר et attribuées principalement à son maître מיינשטיר (?).

Papier; petit format: 48 ff. écriture judéo-allemande. XVIIIe s.

LXXXII. Recueil de notes sur le Talmud etc., au nom de plusieurs rabbins (מה"רי ש"ה וואלף פוסיוויילר, ר'יהונתן). La plupart des feuillets n'ont pas été utilisés.

Papier; petit format: écriture judéo-allemande. XVIIIe siècle.

LXXXIII. [חדושים], Collection anonyme de diverses notes isolées, concernant certains passages talmudiques, particulièrement du Traité de *Houllin*.

Papier; format moyen; écriture judéo-allemande. XVIIe—XVIIIe siècle.

LXXXIV-XCV. Collection d'ouvrages composés par un certain rabbin Abraham Simha Katzenellenbogen, à Ekaterinoslav, vers le début de la seconde moitié du siècle dernier, et adressés ou dédiés par l'auteur à des institutions juives, à des philanthropes juifs, etc.

LXXXIV. כנסת ישראל, Recueil de dissertations et de citations apologétiques, rédigé en l'honneur de l'Alliance israélite universelle.

Anc. D. 276.

LXXXV. צדק ושלום, Recueil de citations de la littérature hébraïque sur la justice et la paix, rédigé en l'honneur de la Communauté juive de Londres.

Anc. D. 234.

LXXXVI. סגולת מלכים, Apologie de la monarchie (en l'honneur de Napoléon III).

Anc. D. 256.

LXXXVII. אחרית ותקוה, Apologie des Gouvernements.

Anc. D. 263.

LXXXVIII. (אדרת במלכה), Apologie de la Monarchie (en l'honneur de l'Angleterre, protectrice des Juifs).

Anc. D. 278.

LXXXIX. חסד לאברהם, Récit de la vie d'Abraham, suivi de citations de la littérature juive, relatives à ce patriarche, rédigé en l'honneur d'Albert Cohn.

Anc. D. 262.

XC. גאון יעקב, Récit de la vie du patriarche Jacob, suivi de citations de la littérature talmudique, rabbinique etc, rédigé en l'honneur du baron James de Rothschild.

Anc. D. 266.

XCI. ראש יוסף, Récit du patriarche Joseph d'après les écrits rabbiniques, dédié au financier et philanthrope Joseph Josel Günzburg et à son fils Nephtali Hirtz (Horace de Gunzbourg).

XCII. ישמח משה, Recueil de propos rabbiniques et surtout cabbalistiques, relatifs à Moïse, rédigé en l'honneur de sir Moïse Montefiore.

Anc. D. 269.

XCIII-XCV. אור מאיר, Sorte d'encyclopédie rabbinique et cabbalistique en cinq volumes, composée en l'honneur de la maison de Rothschild. Incomplet (tomes III-V seulement).

Anc. D. 367, 270 et 274.

Papier; petit format; écriture judéo-allemande cursive (autographes de l'auteur): XIXe siècle. Fonds Albert Cohn.

XCVI. שכיות החמדה, Répertoire talmudique par Michel David Cahen, grand-rabbin de Marseille, publié par le grand-rabbin Lazare Wogue, à Mayence, en 1877. C'est l'une (la deuxième) des trois copies que l'auteur a laissées; l'édition fut exécutée d'après la dernière en date (5627 *a. m.*). Ce manuscrit avait été terminé le 23 Adar I 5619 (1859); il porte plusieurs additions en écriture rabbinique.

Papier; format moyen (gr. in-4°, 159 ff.), relié maroquin vert; écriture carrée et judéo-allemande.

VII. *Philosophie.*

XCVII. [עקרים], *Principes.* Traité de théologie juive par Joseph Albo. Copie incomplète: il manque une partie de la table des matières et quelques paragraphes finaux du quatrième et dernier chapitre (§§ XXXV-LI). Le manuscrit paraît dater du XVe siècle.

Papier; format moyen; très belle écriture rabbinique (Raschi).

XCVIII. Œuvres du philosophe et exégète Joseph Ibn Caspi de Largentière en Languedoc (Don Bonafous de Largentera).

a) (ff. 1-24 a) ש(ו)לחן כסף, traité théologique en quatre chapitres (רגלים), sur les prophètes et les miracles. La Bibliothèque universitaire de Turin possède aussi une copie de cet intéressant ouvrage et J. B. de Rossi en a publié des extraits dans son étude: *De praecipuis causis et momentis neglectae a nonnullis hebraicorum litterarum disciplinae disquisitio elenchtica* (Turin, 1769), dont Renan-Neubauer a rendu compte dans *Les écrivains juifs français* (*Histoire littéraire de la France*, t. XXXI), Paris, 1893, pp. 155 et *seq.*

b) (ff. 24 a - 42 a) תם הכסף, Recueil de huit dissertations sur divers problèmes de théologie juive. Cet ouvrage a été édité à Londres, en 1913, d'après un manuscrit de Magnésie en possession d'E. N. Adler, par Isaac Last, qui le croyait unique. — Renan-Neubauer, *op. cit.* p. 188, a aussi voulu corriger *a priori* la leçon sur Isaïe de Don Isaac Abravanel, où (*Commentaire*, chapitre XXXIX) la septième dissertation de cet opuscule de Joseph Caspi est citée. On préférait, en effet, le témoignage de la liste bibliographique (dite A) qui ne lui attribue que deux dissertations en tout : il ne pouvait guère y avoir, en conséquence, de septième dissertation. Or, non seulement le texte édité par Last (p. 36) confirme textuellement la leçon du commentaire d'Abravanel, mais il en est de même de ce manuscrit (*fol.* 38 a). Le passage en question concerne le récit de l'ambassade babylonienne envoyée auprès du roi Ezéchias (cf. II Rois XX, 12-15 et Isaïe, XXXIX,

1-4). C'est donc la leçon de la liste A qui est fautive; il fallait corriger ב (deux) en ח (huit). De même, les corrections proposées par M. A. Marmorstein, dans une lettre adressée à l'éditeur (p. (XI), sont insoutenables: le texte de cette copie correspond identiquement à celui qui servit à l'édition.

c) (ff. 43-108), [פירוש על ספר איוב], Commentaire sur le livre de Job. L'écriture de cet ouvrage diffère de celle des deux autre.

Le manuscrit avait appartenu à un certain Joseph Hazzan, qui a enrichi le commentaire de quelques notes marginales.

Papier; format moyen: 108 ff.; écriture orientale, rabbinique et cursive. XVII[e] siècle (?). Anc. D. 393.

V. aussi le N° 40 ([b] et [d]).

VIII. *Cabbale*.

XCIX. אוצרות חיים, Recueil de dissertations cabbalistiques par Hayyim ben Joseph Vital, le fameux disciple d'Isaac Luria. Le manuscrit, qui contient de nombreuses scholies, a été copié en 5492 par David ben Isaac אצבאן.

Papier; format moyen; écriture rabbinique méridionale. XVIIIe siecle.

C. תוצאות חיים, Recueil d'homélies cabbalistiques sur les sections hebdomadaires du Pentateuque, par Samuel ben Hayyim Vital. Cet autographe de l'auteur a été rédigé à Damas, commencé le lund 7 Tamouz 5417 et terminé le vendredi 17 Kislev 5418.

Papier; format moyen; écriture rabbinique orientale. XVIIe siècle. Fonds Albert Cohn (Anc. D. 366).

CI.-CII. עץ חיים : שער ההקדמות, Tome Ier (l'Introduction) du célèbre Traité de Cabbale *Arbre de Vie* de Hayyim Vital, rédigé par son fils Samuel, à Damas, en 1613-1614. Ce précieux autographe constitue la meilleure base pour tout ce qui concerne le texte origine du maître livre de la Cabbale.

Papier parchemin; format moyen: 285 ff. (2 volumes: 1-141 e 142-285); écriture rabbinique orientale. Fonds Albert Cohn.

CIII. עץ חיים, Traité de Cabbale pratique par Hayyim Vital. Copie terminée le lundi 4 Tebet 5502, à Jérusalem... L'ouvrage n'était pas encore édité à ce moment; l'*editio princeps*, celle de Zolkiev, ne date que de 1772. Ce manuscrit a subi plusieurs interpolations.

Papier; format moyen; 445 ff.; écriture orientale. Fonds Albert Cohn. (Anc. D. 396).

CIV. שער הכוונות, Traité de méditations cabbalistiques par Hayyim Vital; copié d'après un manuscrit du fils de l'auteur. Cet ouvrage fut édité à Salonique, en 5612 (in-f°).

Papier; format moyen; écriture rabbinique orientale; XVIIe siècle. Fonds Albert Cohn.

CV. ספר כוונות להארי זלה"ה, *Livre des Méditations*, traité de Cabbale sur les prescriptions et les usages rituels des jours ouvrables et fériés, par Isaac Luria, copié à Friedberg (-in-der-Wetterau) (?) par Hirsch ben Ézéchiel de Kalisch, entre 5465-5467. Cette recension ne se réclame point de Hayyim Vital; c'est le Maître, lui-même, qui enseigne ici la science secrète. Le manuscrit n'est d'ailleurs pas bien ordonné: la disposition de certains chapitres et paragraphes laisse beaucoup à désirer.

Papier; petit format; écriture judéo-allemande. Commencement du XVIIIe siecle.

CVI. ספר הכונות, *Livre des Méditations* mystiques concernant les actes de la vie religieuse par Isaac Luria (en deux parties). Copié à טראבלם המערב par יהונתן ן' יוסף ידיע עגיב, en 5440. Le titre de ס' הכונות est porté par plusieurs ouvrages cabbalistiques attribués à Luria. V. I. A. Benjacob, *op. cit.*, p. 237 b et *seq.*

Papier; format moyen: 125 ff.; écriture rabbinique orientale. XVIIe siècle. Fonds Albert Cohn.

CVII. כנפי יונה, Recueil de Cabbale pratique, attribué à Isaac Luria (V. I. A. Benjacob, *op. cit.* p. 244 b), copié par un certain Jacob Salomon, à Salonique, en 5516.

Papier; petit format; écriture orientale vulgaire; XVIIIe siècle. Fonds Albert Cohn (Anc. D. 389).

CVIII. Recueil cabbalistique contenant les ouvrages suivants:

a) ס' המפתח, Introduction à l'étude des *Dix Sefirot* (anonyme), avec un riche appendice renfermant le סדר היחוד ששאל ר'יהודא משפירא, des consultations cabbalistiques entre les gueonim Haï, Palti, Scherira (!), etc. — Il est trés difficile de déchiffrer la date de la copie, qui a été effacée avec le nom du copiste. On peut néanmoins lui assigner le XVIe siècle: les autres ouvrages du recueil doivent être contemporains.

b) עשר ספירות הטומאה, Les *Dix Sefirot de l'Impureté.*

c) ספר עברונות, Règles du calendrier juif et chrétien (catholique).

d) [סוד ספירת העומר], Mystère du compte de l'Omer.

e) Appendice de petits écrits cabbalistiques (פי' על אותו אתו,

etc.), où l'on voit, par exemple, Raschi initier, après sa mort, son petit-fils Samuel ben Méir (!) à la Cabbale, bien entendu en songe.

Papier; petit format; écriture judéo-allemande.

CIX.-CXI. [פירוש על ס' הזהר לר' משה זכותא] Commentaire sur le *Zohar* par Moïse ben Mordekhaï Zacuto. Travail énorme. La copie fut achevée en 1733 (12 Adar 5493) probablement à Livourne, comme, du reste, les autres ouvrages attribués au même auteur. — Ce célèbre cabbaliste du XVIIe siècle a laissé après sa mort un grand nombre de manuscrits dont la plupart n'ont pas été édités.

Papier; format moyen (3 vol. gr. in-4°); belle écriture rabbinique méridionale.

CXII. יודעי בינה, Commentaire sur le *Zohar* par Moïse Zacuto (רמ'ז). Ce manuscrit paraît remonter au début du XVIIIe siècle. Le nom de l'auteur y est accompagné de la formule זצ"קל : Zacuto est mort, en effet, le 1er Octobre 1697, à Mantoue. V., pour les relations avec יוסף חמיץ, I. A. Benjacob, *op. cit.*, p. 26 b et *seq.*

Papier; format moyen (gr. in-4°); écriture rabbinique méridionale.

CXIII. Recueil cabbalistique contenant:

a) [דרוש לחג השבועות], Dissertation sur la fête de Pentecôte;

b) טעמי המצות, Commentaire des différentes prescriptions contenues dans le Pentateuque;

Ce recueil, qui est attribué à Isaac Luria, a été rédigé par un certain Samuel (ben Hayyim Vital?) et copié par Jacob ben Moïse en 1678.

Papier; petit format (VI + 79 ff.); écriture orientale. Fonds Albert Cohn.

CXIV. Recueil cabbalistique renfermant:

a) תשובות הר"מז בקצור, Abrégé des consultations de Moïse Zacuto;

b) ספר הגלגולים, Livre des Transmigrations des âmes, en deux parties, par Hayyim Vital. *L'editio princeps* de cet ouvrage, qui n'est qu'un simple extrait du traité עץ חיים, vit le jour à Francfort-sur-Mein en 5444 (1684).

c) תקוני ספר תורה, Règles pour la confection d'un exemplaire de la Loi, par Moïse Zacuto.

Papier; format moyen; écriture rabbinique méridionale. XVIIIe siècle.

CXV. קול ברמה, Paraphrase de l'ouvrage cabbalistique *Idra Rabba* rédigée d'après les écrits d'Isaac Luria et Hayyim Vital, par Jacob ben

Hayyim Cèmah de Jérusalem, en 1648. Ce commentaire a été publié pour la première fois à Korzec en 5545 (1785).

Papier; format moyen; écriture rabbinique méridionale.

CXVI. Recueil cabbalistique renfermant:

a) גלוי לאדרת האזינו, Opuscule cabbalistique attribué à Isaac Luria et rédigé par son disciple Hayyim Vital. D'après I. A. Benjacob, *op. cit.*, p. 97 a, cet ouvrage ne se serait trouvé en manuscrit que dans la bibliothèque du célèbre Joseph Almanzi;

b) פירוש ספרא דצניעותא, Commentaire du Livre de la Réserve (attribué au patriarche Jacob) par Isaac Luria, rédigé par Hayyim Vital. Une recension de ce commentaire par Jacob Cèmah a été publiée à Korzec, en 5545 (1785), avec d'autres opuscules, sous le titre de קול ברמה. V. le ci-devant No 115. Il est très possible que ce ms. provienne directement de Hayyim Vital ou, tout au moins, de son entourage immédiat.

Papier; format moyen; écriture carrée et rabbinique méridionale. XVIIe ou XVIIIe siècle.

CXVII. Recueil cabbalistique renfermant:

a) דרוש נשמת האדם (מטי ולא מטי), Dissertation sur l'âme humaine, attribuée à Isaac Luria;

b) דרוש, Autre dissertation cabbalistique attribuée au même;

c) שערי הכללים להר"ם נאג'רא (והרי ארזין (ו)[ל]הר"ם יונה זלה"ה), Treize règles de la Cabbale, rédigées par les disciples d'Isaac Luria. Cet ouvrage se trouverait aussi en manuscrit à Vienne (No 99). V. I. A. Benjacob, *op. cit.*, p. 599 b;

d) [דרוש]ים, Deux homélies cabbalistiques;

e) חפצי בה, Collection de onze homélies cabbalistiques anonymes;

Papier; format moyen; écriture rabbinique méridionale. XVIIIe siècle.

CXVIII. Recueil cabbalistique renfermant plusieurs ouvrages, composés probablement par Moïse Zacuto ou par quelqu'un de ses disciples italiens, — notamment:

a) des [לקוטים];

b) פי' התורה על דרך הסוד, Commentaire de la Tora d'après la science secrète;

c) פי' האדרא רבא, Commentaire sur l'*Idra Rabba*; etc. etc.

Le recueil est daté, au colophon, de Livourne 5474.

Papier; format moyen; écriture rabbinique méridionale. Commencement du XVIIIe siècle.

IX. *Poésie.*

CXIX. [דיואן לר״ יהודה הלוי], *Divan* de Juda Hallévi, copié — probablement sur un vieux manuscrit — par Salomon Struch, en 5624 à Tunis. Le recueil est divisé en trois parties:

le Ier comptant 338,
le IIe, 136 et
le IIIe, 91 poëmes.

Mais la division est assez arbitraire; bien des titres des poëmes sont en arabe (judéo-arabe). La dernière partie contient quelques lettres en prose rimée, adressées par le poète à son ami David de Narbonne (אל נרבוני), à Nathan ben Samuel (מר׳ ור׳ נתן החבר בן כב׳ גד׳ קד׳ מר׳ ור׳ שמואל החבר ז״צל), etc.

Papier; format moyen: 112 ff.; écriture rabbinique; XIXe siècle. Fonds Abraham Cahen.

CXX. לישרים תהלה, *Gloire aux justes!* Drame philosophique de Moïse Hayyim Luzzatto, copié en 1790, par Nathan Joseph Ettinger de Manheim, d'après l'édition de Berlin 5540.

Papier; petit format: 27 ff. + titre; écriture carrée vocalisée.

CXXI. מראה כהן, *L'Aspect du Kohen.* Recueil de poëmes écrits en l'honneur d'Albert Cohn, lors de son retour du voyage qu'il avait fait en Terre Sainte, par זב״ד מכונה ציפרעסין בוהם מיגאליציען: Autographe de l'auteur, daté de Paris 5615.

Papier; format moyen; écriture carrée non vocalisée. XIXe siècle.

B. JUDAICA

I. *Hispano-portugais.*

CXXII. OBRAS DEL H H MORTERA. *Œuvres du rabbin Mortera.* Il s'agit ici probablement du célèbre rabbin de la communauté portugaise d'Amsterdam, Saül Hallévi Morteira (m. en 1660), maître du philosophe Baruch Spinoza et du cabbaliste Moïse Zacuto. Le recueil, qui est divisé en soixante-dix chapitres, n'a point de titre précis, je suis néanmoins enclin à le croire bien identique au fameux *Tratado de la Verdad de la Ley de Mosch* que Morteira composa pour la défense du judaïsme et contre les dogmes chrétiens, traité à la fois de théologie et d'apologétique juives que le poète Isaac Gomez de Sosa traduisit en partie en hébreu sous le titre de תורת משה אמת, et dont Basnage parle assez longuement dans son *Histoire des Juifs* (t. IX, p. 1018 et *seq.*).

Papier; format moyen (in-4°) : 461 ff. + un certain nombre de feuilles non utilisées ; écriture latine cursive. XVIIe siècle (?).

CXXIII. PSALTERIO (lire plutôt SALTERIO). Le *Livre des Psaumes*. Cette traduction curieuse n'est pas rigoureusement juive. Ainsi, par exemple, on lit chapitre II, verset 12 : *besad hijo* pour נשקו בר, etc. Le nom divin *Adonaï* (c'est-à-dire le tétragramme) est rendu tout simplement par la capitale A, précédée et suivie d'un point. La version se termine (p. 246) par Ps. XXXII, 39-40 (en transcription vulgaire) : *Vtsual sadikim me .A. mauzam Beel Sarà: bayazerèm .A. vaiphaletèm meres aim veyòsiem Qui Gazubo*. D'après le petit calendrier qui est annexé à la fin du livre, on pourrait assigner au manuscrit la date de 1757.

Papier ; petit format : 270 pp. dont quelques-unes non utilisées ; écriture cursive.

V. aussi les n°s VI-XVII et CXXIX (Supplément).

II. *Yidisch.*

CXXIV. (—) Développement midraschique de l'histoire sainte avec commentaires et enseignements moraux, etc., par (?) Jacob b. Michel de Puttelange (יעקל ב"ר מיכאל סגל מק"ק פיטלינגן). Le manuscrit ne contient que les Ve, VIe et VIIe divisions du livre, intitulées respectivement : גצעלט שרה, גצעלט רחל, טאר יומא. La dernière traite en particulier de la pénitence.

Papier ; petit format : 230 ff. écriture judéo-allemande. XVIIIe siècle (?).

CXXV. Recueil anonyme de poëmes contenant notamment 1°) une ballade sur la mort légendaire de Moïse en dix-neuf strophes hétérométriques de quatre vers à rimes plates chacune (pp. 1-6) ; 2°) une autre ballade relatant l'histoire de Joseph en vingt-deux strophes à huit vers assez compliqués. Les noms propres sont transcrits à l'allemande (et selon la prononciation alsacienne), par exemple : Jacob, יאָקאָב ; Joseph, יאָזעֶפ ou יאָסעֶפ, etc. (pp. 7-17) ; 3°) un poëme sur la circoncision, à réciter probablement au banquet qui suit la cérémonie rituelle (pp. 18-20) ; etc., etc. Le manuscrit date sans doute de la première moitié du siècle dernier ; il y est question — dans une ode sur la révolution de 1830 — de l'exil de Charles X et du triomphe de la liberté par l'avènement attendu de Louis-Philippe (p. 47, strophe VIII).

Papier; petit format: 56 pp. écriture judéo-allemande vocalisée.

cxxvi. [דרשה] Discours de Bar-Mitzva etc.

Papier; format moyen; écriture judéo-allemande. xixe siècle.

V. aussi n^o xxxviii et cxxviii (Supplément).

III. *Anglais.*

cxxvii. חובת הלבבות, *The Duties of the Heart* written in Arabic by Rabenu Bechaye *(sic)* and translated into Hebrew by R. Judah Aben *(sic)* Tibou and now translated into English by E[lias] H[ayyin] Lindo, Londres, 1857. Traduction anglaise inédite des *Devoirs des cœurs* de Bahya ben Joseph ibn Paqouda. Une lettre d'approbation du *chief rabbi* Dr. N. [M.] Adler, datée de Janvier 5613 (!), y est anexée. V., en ce qui concerne le traducteur, *The Jewish Encyclopedia*, t. III, p. 91 b. Au dire de l'auteur de l'article (p. 93 a), ce manuscrit a sans doute dû se trouver, parmi d'autres, à Londres, dans la Bibliothèque du Jews' College.

Papier violet; format moyen: 405 pp. + titre et table; écriture quasi cursive soignée.

IV. *Français.*

V. n^o xxxviii (c et d).

V. *Arabe.*

V. n^o xxiii (b, c et d).

SUPPLÉMENT

cxxviii. Recueil de lettres, en hébreu et en yiddisch.

Papier; format moyen. xviiie siècle (Metz).

cxxix. *Carta Austral ou Porta da Esperança, escrita por Riby Mosse b. Maimon em Arabigo e traduizida (!) a edioma Hebrayco por Riby Nahum.....* Copié par Jacob Nunès הנריקק״.

Papier; format moyen; écriture latine cursive.

2° INCUNABLES

1 et 1bis. [פי' הרמ"בן על התורה] Le Commentaire de Moïse ben Nahman ou Nahmanide sur le Pentateuque, imprimé à Lisbonne, dans l'été de 1489, chez Eliézer Toledano. Deuxième édition; in-4°. DEUX EXEMPLAIRES.

2. [אבודרהם] Commentaire du rituel juif par David ben Joseph Abudarham, imprimé à Lisbonne, dans l'automne de 1489, chez Éliézer Alantansi. *Editio princeps;* in-4°. Exemplaire censuré: certain passage de la prière d'*Alénou* a été effacé à l'encre et même gratté au canif.

3. Œuvres de Don Isaac Abrabanel notamment : ראש אמנה, נחלת אבות, זבח פסח imprimées ensemble, en 1505-1506, à Constantinople, chez les frères David et Samuel ibn Nahmias. *Editio princeps;* in-f°.

4. לשון למודים, Grammaire hébraïque par David ben Salomon ibn Yahya, imprimée à Constantinople en 1506 chez les frères Nahmias; l'ouvrage anonyme intitulé שקל הקדש, sur les règles de la prosodie, s'y trouve annexé. *Editio princeps;* petit in-4°.

5. כל בו, Recueil de prescriptions religieuses relatives principalement au rituel, aux défenses alimentaires etc., par les disciples de Pérèç de Corbeil. Exemplaire très incomplet à vieille impression hébraïque. In-f°.

6. אבודרהם, *Aboudarham,* deuxième édition, imprimée à Constantinople, chez Astruc de Toulon, en 1514. In-4°.

7. מקנה אברם *Peculium Abræ.* Grammaire hébraïque composée par le médecin Abraham de Balmès et publiée en 1523, l'année de sa mort, avec une traduction latine, par son élève Kalonymos ben David, chez Daniel Bomberg, à Venise. In-4°.

8. [נחמוני] (חידושי הרמ"בן על התורה), Commentaire de Moïse Nahmanide sur le Pentateuque.

Très vieille édition. In-4°.

9. *a*) ערוך, Lexique talmudique par Nathan ben Yehiel de Rome. Imprimé à Pesaro en 1517, chez Guerschon Soncino. Caractères carrés — deuxième ou troisième édition. In-f°.

b) מדרש חמש מגלות, Midrasch Rabba sur les cinq Meguillot, publié à Pesaro en 1519 (*editio princeps*). In-f°.

10. *a*) לקוטי הפרדס, Recueil d'usages religieux, faussement attribué à Raschi, imprimé à Venise, chez Daniel Bomberg, en 1519 (*editio princeps*). In-4°.

b) שו"ת המיוחסות להרמ"בן, 288 Consultations religieuses attribuées à Moïse Nahmanide; en réalité, l'auteur en paraît être Salomon ben Adret. L'exemplaire n'a pas de page-titre, mais il est certain que c'est une édition vénitienne de Bomberg. Peut-être est-ce la même *editio princeps* que celle que I. A. Benjacob (*op. cit*, p. 560 [a]) croyait avoir été publiée à Constantinople en 1519.

c) פסקים וכתבים, 267 Décisions et écrits d'Israël Isserlein Aschkenazi. *Editio princeps*, Venise, Bomberg, 1519.

11. [שו"ת מה"רי קולון], 195 Consultations de Joseph ben Salomon Colon, éditées par Hiyya Méir ben David chez Daniel Bomberg, Venise, 1519. *Editio princeps*. In-4°.

12. (סמ"ג) ספר מצות הגדול, Le *Semag*; code rabbinique par Moïse ben Jacob de Coucy. Imprimé à Venise, chez D. Bomberg d'Anvers, en 1522. In-f°. — La citation ולא תלכו בחוקות הגוי (Lév., xx, 23) (fol. 10 [d]) n'a pas été expurgée de cet exemplaire, bien qu'on lise au colophon: *Revissus p[er] me Laurentius Frangellus 1575.*

13. עקדת יצחק, par Isaac b. Moïse Arama (Commentaire sur le Pentateuque). Salonique, 1522 (*editio princeps*). In-f°.

14. *a*) חדושי מסכת ברכות מהרשבא ז"ל Novelles sur le traité de *Berakhot* par Salomon ben Adret, publiées chez D. Bomberg, à Venise, en 1523. — Exemplaire expurgé en 1599 par le frère Louis de Bologne (*Revisso et corretto per mi fra Luigi da Bologna Marzo 1599*) et révisé, en 1613, par Camille Yagel et, en 1621, par René de Modène.

b) ...חידושי מסכת חולין, Novelles sur le traité de *Houllin* du même auteur (même édition). In-4°.

15. *a*) חידושי בבא בתרא מהרב הגדול הרמבן ז"ל, Novelles sur le traité de *Baba Batra*, par Moïse Nahmanide.

b) חידושי גטין מהרשבא ז"ל, Novelles sur le traité de *Guittin*, par Salomon ben Adret.

Editio princeps (les deux ouvrages); D. Bomberg, Venise, 1523. —Volume censuré par Louis de Bologne, en mars 1599, et par Camille Yagel, en 1613.

16. יוֹסֵף בֶּן גוריון, Texte hébreu vocalisé du Yosippon. Edition in-f°. s. l. n. d.

17. ס' התרומה, par Baruch ben Isaac de Worms. *Editio princeps*. Venise, 1523.

18. *a) Elementarium Hebraicæ Linguæ.* Eléments de la langue hébraïque — en hébreu et en latin — par Sébastien Munster.

b) ספר הבחור *Liber electus* (Livre de choix). Grammaire hébraïque par Elie Lévita, publié par Sébastien Munster, avec une traduction latine, en 1525, à Bâle, chez Jean Froben.

c) לוח הבנינים, Table des conjugaisons par Sébastien Munster. Petit format.

19. דקדוק דלישן ארמי או הכסדאה, *Chaldaica Grammatica.* Grammaire araméenne (en latin) par Sébastien Munster, imprimée à Bâle, en 1527, chez Jean Froben.

Pet. in-4°, 212 pp. etc.

20. פרקי אליהו, *Les chapitres d'Élie.* (*) Grammaire hébraïque en quatre chapitres par Elie Lévita, publiée avec une traduction latine par Sébastien Munster, en 1527, à Bâle, chez Jean Froben. *Editio princeps ;* in-12.

21 et 21bis. ספר השרשים, *Livre des Racines,* seconde partie du *Mikhlal* de David Qimhi, publié à Venise, chez D. Bomberg, en 1529. Edition revue et corrigée par Isaïe ben Elazar Parnes. 2 exemplaires (Le second exemplaire contient aussi les *Exegesis dictionum in Psalmos sex* (Ps. I-VI) d'Antoine Reuchlin (Bâle, 1554 ; imprimerie d'Henri Pierre).

22. מחברות עמנואל, Les *Cahiers* d'Immanuel de Rome, imprimés à Constantinople en 1535. Deuxième édition.

23. . . . זה ספר תשובות הגאון כמהר"ר דוד הכהן זצ"ל מאי קורפו (Titre exact) — Livre des Consultations du rabbin David ben Hayyim Hakkohen de l'île de Corfou . . ., imprimé à Constantinople, chez Eliézer Soncino, en 1537-1538 (עזר"ר-ופר"ח). *Editio princeps ;* un vol. pet. in-4° de 368 pp. (non paginé). Fonds Albert Cohn.

24. ספר חסידים, attribué à R. Juda le Pieux. Bologne, 1538. Exemplaire expurgé : certains passages ont été grattés au canif.

(*) פרק שורה
פרק המינים
פרק המדות
פרק השמושים

Meyer ABRAHAM.

www.ingramcontent.com/pod-product-compliance
Ingram Content Group UK Ltd.
Pitfield, Milton Keynes, MK11 3LW, UK
UKHW022145260726
13993UKWH00005B/2172